지구는 왜 돌까?

POURQUOI LA TERRE TOURNE-T-ELLE?

by Emmaneul Di Folco

Copyright © Le Pommier 2006

All rights reserved.

Korean Translation Copyright © Minumin 2006, 2021

Korean translation edition is published by arrangement with
Humensis through The Agency.

민음 바칼로레아 040

지구는
왜 돌까?

에마뉘엘 디 폴코 ǀ 곽영직 감수 ǀ 김성희 옮김

민음in

차례

질문 : 지구는 왜 돌까?   7

1 우리는 자전과 공전을 정확히 알고 있을까?   13
지구는 정확히 24시간에 한 바퀴를 돌까?   15
계절의 변화는 지구의 공전을 정확히 따를까?   18
지구가 도는 걸까, 천체가 움직이는 걸까?   23
지구가 움직인다면 왜 느낄 수 없을까?   24

2 지구의 움직임을 어떻게 확인할 수 있을까?   29
지구의 공전을 무엇으로 알 수 있을까?   31
지구의 자전을 무엇으로 알 수 있을까?   37

3 지구가 도는 원리는 무엇일까?   43
태양이 없어도 지구는 돌까?   45
언젠가는 지구의 도는 힘도 다하지 않을까?   47
행성들은 어떻게 돌기 시작했을까?   47
지구가 도는 방향은 어떻게 결정됐을까?   54

4 지구는 앞으로도 영원히 돌까?   59
지구는 언제나 같은 속도로 돌까?   61
시구는 왜 점점 느려질까?   63
달은 왜 점점 멀어질까?   69
하루는 왜 점점 길어질까?   69

더 읽어 볼 책들   73
논술 · 구술 기출 문제   74

질문 : 지구는 왜 돌까?

여러분 중에 지구가 돌고 있다는 사실을 의심하는 사람이 혹시 있는가? 물론 없을 것이다. 그렇다면 지구가 돈다는 확실한 증거를 댈 수 있는가? 어떤 신비로운 엔진이 우리 지구를 움직이는지 말할 수 있는가?

현대인들은 중력의 영향에서 벗어나 우주에서 인간의 보금자리인 지구를 바라볼 수 있게 되었다. 지구가 자전축을 중심으로 회전하며 동시에 태양 주위를 돌고 있다는 사실은 이제 누구나 아는 상식이 되었다. 이런 상황에서 지구가 왜 도는지 질문한다면 엉뚱한 소리라고 할지도 모른다.

실제로 우주를 자세히 들여다보면 모든 것이 돌고 있다. 우리에게 아주 중요한 태양에서부터 수많은 행성과 소행성, 혜성에 이르기까지 모든 것이 마찬가지이다. 어떤 별들은 너무 빨리 도는 바람에 모양이 일그러져 납작해지기도 한다. 현재까지 가장 빠른 회전 속도를 기록한 중성자별˚ 펄서˚는 매우 작은 별로 1초에 716회나 회전한다.

그런데 좀 더 넓은 차원에서 보면, 은하계˚에 있는 천체들의 회전 역시 태양계 행성들의 회전과 비슷하다. 그렇다면 크나큰 천체 구석구석에 공통으로 적용되는 어떤 특별한 엔진이 있는 게 아닐까?

이렇게 지구 운동의 원천을 생각하게 된 것은 비교적 최근의 일이다. 이에 앞서 인류는 지구가 돌고 있다는 사실 자체를 먼저 인정해야 했다. 16세기에 이르러서야 사람들은 지구가 우주의 중심에 꼼짝하지 않고 정지해 있다는 학설에 의문을 가지

● ● ●

중성자별 주로 중성자로 이루어졌다고 생각되는 밀도가 아주 높고 작은 천체. 지름이 약 20킬로미터이지만 그 질량은 태양과 비슷하기 때문에 평균 밀도가 매우 높다. 그래서 중성자별은 자체 중력에 의해 함께 붙들린 거대한 핵의 집합체라고 할 수 있다. 표면에는 강한 자기장이 존재한다.

펄서 규칙적으로 전파를 방출하는 천체의 한 종류. 1967년에 영국의 천문학자 휴이와 벨이 처음 발견한 이후, 은하계 내에서 65개가 발견되었다. 펄서는 빠르게 자전하는 중성자별로 생각된다.

은하계 은하를 이루고 있는 수많은 천체의 집단. 항성, 성단, 별들 사이의 성간물질(星間物質) 등으로 이루어져 있으며, 태양계는 은하계의 한 부분이다.

게 되었다. 그전의 약 2000년 동안에는 아리스토텔레스*의 영향력이 너무나 커서, 사람들은 그의 이론에 따라 모든 자연 현상을 이해했고, 지구가 정지해 있다는 가설을 의심 없이 받아들였다.

아리스토텔레스의 가설은 지구 주위를 자유롭게 도는 듯 보이는 별들과 태양의 운행을 설명하는 데 충분했다. 사실 지구의 움직임을 조금도 느낄 수 없는데 어떻게 지구가 움직인다고 상상할 수 있었겠는가? 당시의 사람들은 이렇게 반문했다. '만약 지구가 돌고 있다면 인간은 우주로 튕겨져 나가야 하지 않을까?' '돌멩이를 머리 위로 곧장 던져 올리면, 우리가 지구와 함께 움직이기 때문에 돌멩이는 우리 옆으로 비켜 떨어져야 하지 않을까?'

지구가 정지해 있다는 오랜 확신을 깨뜨린 혁명은 거의 200년에 걸쳐 매우 느리게 일어났다. 그 선구자는 폴란드의 천문학자 코페르니쿠스*였다. 코페르니쿠스는 아직 지구의 운동에 대한 과학적 증거가 부족하던 당시에 지동설, 즉 회전목마처럼

● ● ●

아리스토텔레스(BC 384~BC 322) 고대 그리스의 철학자로 플라톤의 제자이다. 생물학과 자연 철학을 강조하는 그의 철학은 후세에 많은 영향을 끼쳤으며 근 2000년 동안 서구 세계의 사고를 지배했다.

돌아가는 행성들의 중심에 태양이 있다는 이론을 제창했다.

뒤이어 갈릴레이●는 1610년 망원경으로 천체를 직접 관측함으로써 지구의 운동에 대한 아리스토텔레스의 법칙을 수정하고, 기존의 천동설을 뒤엎었다. 갈릴레이는 목성 주위에 네 개의 작은 위성이 궤도를 그리며 돌고 있다는 사실을 발견했고, 이를 통해 모든 천체가 지구를 중심으로 도는 것은 아니며, 주로 작은 물체가 더 큰 물체 주위를 돈다는 사실을 처음으로 증명했다.

한편 독일의 천문학자 케플러●는 화성의 운동을 연구해서

●●●●

니콜라스 코페르니쿠스(1473~1543) 폴란드의 천문학자. 지구가 자전축을 중심으로 자전하면서 태양 주위를 공전한다고 주장해 근대 과학 발전의 계기를 만들었다. 그의 주장 후 지구는 더 이상 우주의 중심이 아닌 수많은 천체 중 하나로 여겨지게 되었다. 대표적인 저서로『천체의 회전에 관하여』가 있다.
갈릴레오 갈릴레이(1564~1642) 이탈리아의 천문학자이자 수학자 겸 물리학자. 진자의 등시성, 관성의 법칙, 지동설의 확립 등 과학사에서 중요한 여러 가지 업적을 남겼으며, 중대한 법칙들의 시초를 마련한 학자이다. 그 생애 또한 많은 문학 작품의 소재가 될 정도로 독특했다.
요하네스 케플러(1571~1630) 독일의 천문학자. 화성에 관한 정밀한 관측 기록을 기초로 화성의 운동이 태양을 중심으로 하는 타원 운동임을 확인하고, 혹성의 운동에 관한 케플러의 법칙을 발견하는 등 근대 과학 발전의 선구자가 되었다. 또한 인간이 시각을 인지하는 과정을 처음으로 정확히 설명하여 근대 광학의 기반을 세우기도 했다.

행성 궤도에 대한 법칙들을 밝혀냈다. 그는 궤도를 그리며 태양 주변을 도는 지구와 화성을 관찰하여 화성의 역행 운동˙을 매우 간단하게 설명했고, 1년의 주기에 따른 화성의 밝기 변화에 대해서도 밝혔다. 우주에 대한 지식은 이러한 초기 논거들을 토대로 조금씩 발전해 갔고, 뉴턴˙의 중대한 발견인 중력이라는 개념은 여기에 결정적인 역할을 제공했다.

이제 행성의 운동은 우리에게 너무도 익숙한 개념이 되었다. 이를 통해 우리는 우주 내 지구의 위치를 파악하고, 우주를 지배하는 원칙을 발견할 수 있으며, 또한 시간의 의미를 다양한 시각에서 살펴볼 수도 있다. 행성의 운동은 시간의 정의를 내리는 데도 결정적인 역할을 하기 때문이다. 낮과 밤이 바뀌는 현상, 계절이 반복되는 현상 등도 행성의 운동과 깊은 관련

● ● ●

화성의 역행 운동 지구와 화성은 같은 방향으로 공전하지만 어느 시점에 가면 화성이 갑자기 느려지다가 일단 정지한 뒤 반대 방향으로 움직이는 모습을 보인다. 지구와 화성과 태양이 일직선에 있을 때 화성보다 공전 궤도가 작은 지구가 화성을 앞지르게 되고, 그 결과 화성이 마치 뒤로 가는 듯이 보이게 되는 현상이다.

아이작 뉴턴(1642~1727) 영국의 물리학자이자 수학자, 천문학자. 만유인력의 법칙, 운동 법칙, 유분법 등 물리학, 천문학, 수학 분야에서 두드러지는 발견을 했으며, 자연을 기계론적으로 바라보는 역학적 세계관으로 근대 사상과 과학의 확립에 큰 역할을 했다. 주요 저서로는 『광학』, 『자연 철학의 수학적 원리』 등이 있다.

이 있다.

둥글게 돌아가는 지구의 춤 속에는, 수많은 천문학자의 시간과 시인의 시간이 깃들어 있다. 이제 우리가 사는 지구의 움직임을 좀 더 확실히 이해하고, 그 시간에 담긴 비밀을 알아보도록 하자.

1

우리는 **자전**과 **공전**을
정확히 알고 있을까?

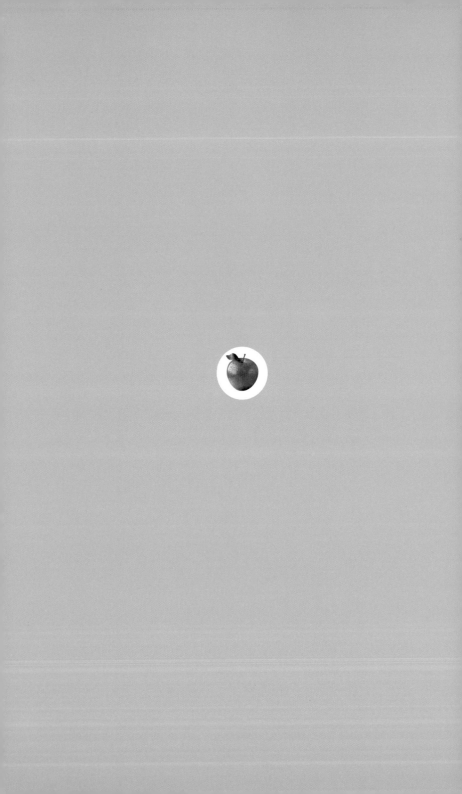

지구는 정확히 24시간에 한 바퀴를 돌까?

여기는 최첨단 천문대의 관측실이다. 천문학자가 망원경을 조종하고 있고, 모니터 위쪽으로는 시계가 두 개 장착되어 있다. 각각의 시계는 서로 현저하게 다른 시간을 가리킨다.

첫 번째 시계가 가리키는 것을 상용시°라고 하며, 이것은 우리가 차고 다니는 손목시계의 시간과 동일하다. 반면 두 번째 시계의 시간은 지구상에 있는 어떤 지역의 시간과도 일치하지 않는다. 게다가 더욱 이상한 점은 두 시계의 시간 차가 매일

● ● ● ●

상용시 그리니치 천문대를 지나는 그리니치 자오선을 기준으로 하는 시간으로, 세계시라고도 한다.

우리가 보통 사용하는 시계와, 지구의 정확한 자전에 따라 맞춘 시계는
하루에 약 4분씩 차이가 난다.

4분 가까이 늘어난다는 것이다. 천문학자의 시간은 왜 이렇게 일반인의 시간과 다른 것일까? 이런 현상은 지구의 운동과 어떤 관계가 있을까?

우리는 하루가 24시간이라고 상식적으로 알고 있다. 그림자가 남북 방향으로 나타날 때 태양은 하루 중 가장 높은 고도에 있다. 태양이 그 지점을 지나 다시 그 지점으로 돌아올 때까지 걸리는 시간이 바로 24시간인 것이다. 따라서 우리는 이 하루를 **태양일**이라고 부른다. 태양이 하늘의 동쪽에서 서쪽으로 움직이는 여정을 마치는 데 24시간이 걸리는 것은, 지구가 서쪽에서 동쪽으로(북극에서 보았을 때 반시계 방향으로) 자전을 하기 때문이다.

그런데 여기에서 확실하게 알아야 할 부분이 있다. 태양일의 길이와 지구가 자전축을 중심으로 한 바퀴 회전하는 데 걸리는 시간이 정확하게 일치하지 않는다는 점이다. 왜냐하면 지구는 자전을 하는 동시에 원형에 가까운 궤도를 그리며 태양 주위를 1년에 한 바퀴씩 돌고 있기 때문이다. 즉 지구는 자전과 공전을 동시에 하고 있다. 지구는 매일 365분의 1바퀴에 해당하는 1도씩 태양 주위를 돌고 있으며, 이 운동 역시 자전과 같은 방향으로 이루어진다. 따라서 태양이 다시 하늘 꼭대기에 도달하려면 지구가 한 바퀴 자전을 하고 조금 더 돌아야 하는

데, 그 때문에 도착 시각이 매일 조금씩 늦어지게 된다.

잠시 관점을 바꾸어 보자. 머나먼 별에서부터 지구를 관측하는 외계인이 있다고 상상해 보자. 거대한 망원경과 정밀한 시계를 갖춘 이 외계인은 지구가 24시간이 아니라 23시간 56분 4초 만에 한 바퀴씩 도는 광경을 보게 될 것이다. 바꾸어 말하면, 우리가 볼 때는 그 외계인의 별도 마찬가지로 23시간 56분 4초마다 동일한 위치로 돌아온다는 의미이다. 이 새로운 기준에 따른 하루를 **성일**이라고 하며 정확한 시간은 23시간 56분 4.0989초이다. 즉 태양일보다 약 4분이 짧은 셈이다. 별들의 운행을 연구하는 천문학자는 이 하루를 기준으로 삼아서 매일 밤 같은 시각에 일정한 별을 관찰한다.

다시 정리하면, 태양일 24시간이란 자전에 필요한 23시간 56분과 공전에 필요한 4분이 더해진 시간이다. 바로 이 차이로 천문대 관측소에 있는 두 시계의 시간 차를 상당 부분 설명할 수 있다.

계절의 변화는 지구의 공전을 정확히 따를까?

이제 두 시계의 나머지 비밀을 모두 풀어 보도록 하자. 이번 문제는 계절의 변화와 관련된 것이다.

하루와 마찬가지로 한 해 역시 여러 가지 방식으로 정의할 수 있다. 지구가 태양 주위를 한 바퀴 도는 데 소요되는 시간은 365.256태양일에 해당한다. 이 시간이 지나면 태양과 지구는 별들을 기준으로 다시 동일한 정렬 상태에 놓이며, 우리는 이 시간을 **항성년**이라고 부른다.

하지만 우리가 일반적으로 사용하는 달력은 항성년과는 조금 다른 정의를 기준으로 삼고 있다. 계절의 변화는 바로 이 정의를 따른다. 계절은 춘분과 추분을 기준으로 정해지는데, 이때 태양은 정확히 지구 적도면에 위치하고 밤낮의 길이는 똑같다. 태양이 춘분점에서 출발해서 하지점, 추분점, 동지점을 지나 다시 춘분점으로 되돌아오는 한 해를 **회귀년**이라고 부른다. 회귀년은 항성년보다 약간 더 짧아서 365.242일밖에 되지 않는다. 즉 계절의 변화가 지구의 공전 운동을 조금 앞서 간다는 얘기다.

● ● ●

24절기 태양이 움직이는 길인 황도를 따라 15도 간격으로 24점을 정했을 때, 각 점이 지나는 시기를 말한다. 이를 통해 태양의 운동에 따른 계절의 변화를 표시할 수 있다. 입춘에서 시작해 대한에서 끝나며, 춘분과 하지, 추분, 동지도 24절기의 일부이다.

계절의 변화에 대해 좀 더 생각해 보자. 만약 지구의 자전축이 공전 궤도면과 수직을 이루고 있다면 낮과 밤은 지구의 모든 곳에서 1년 내내 반반, 즉 열두 시간씩 지속될 것이다. 또 적도 지방은 계속해서 뜨거워질 것이다. 적도 지방에서 태양은 언제나 가장 높은 고도에 위치하게 되어 햇볕이 적도 지역의 지표면을 쉬지 않고 가열할 것이기 때문이다.

그러나 다행히도 자전축은 기울어져 있다. 1년 중 얼마 동안은 한쪽 반구가 태양에 더 많이 노출되어 낮이 더 길어지고 다른 쪽 반구는 밤이 더 길어진다. 그리고 나머지 기간에는 반대의 상황이 벌어진다. 따라서 계절은 **지구 자전축의 경사**(지구의 공전 궤도면, 즉 **황도면**에 수직인 선에 대한 기울기)와 밀접한 관련이 있으며, 그 값은 23.26도이다. 지구에 쏟아지는 열의 양을 결정하는 중요한 요소는 태양과 지구 사이의 거리가 아니라, 바로 이 경사 값인 것이다. 태양과 지구는 우리 예상과 달리 1월 초에 가장 가까워진다는 사실만 봐도 이를 알 수 있다.

지구 자전축의 경사 값이 공전하는 동안 변함이 없기 때문에 계절은 매년 규칙적으로 돌아온다. 그런데 지구 자전축의 방향은 아주 천천히 바뀐다. 오른쪽의 그림처럼 황도면과 자전축의 기울기는 변함없이 유지되지만, 자전축은 황도면에 수직을 이루는 선을 중심으로 지구 공전 방향과 반대로 돌면서 2만

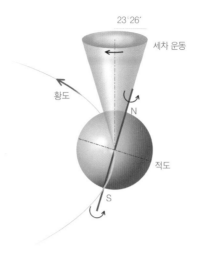

23°26′

세차 운동

황도

N

적도

S

지구 자전축의 원운동

5700년을 주기로 원을 그린다. 따라서 자전축은 시간의 흐름에 따라 하늘의 다른 지점을 가리키게 된다. 현재는 지구 자전축이 북극성을 가리키고 있지만 1만 2000년 후에는 거문고자리의 직녀성이 새로운 북극성이 될 거라는 이야기다.

지구 자전축이 이렇게 회전하는 것을 **세차 운동**이라고 하는데, 이 세차 운동으로 인해 춘분점이 황도 위에서 서쪽으로 이동하여 회귀년이 항성년보다 짧아진다. 춘분점이 황도를 따라 움직여 가는 현상은 지금으로부터 약 2200년 전에 그리스의 학자 히파르코스˚가 처음으로 발견했다. 이러한 춘분점의 움직임을 보완하기 위해, 그리고 7월에 겨울이 오지 않도록 하기 위해 우리가 사용하는 달력은 여러 세기에 걸쳐 회귀년의 길이인 365.242일에 맞추고 있다. 1년을 365일로 하되 윤년인 4년마다 하루를 추가로 보충하는 것이다.(단 100으로 나누어떨어지는 해는 평년으로 하고, 400으로 나누어떨어지는 해는 다시 윤년으로 한다.)

지구의 자전이나 공전과 마찬가지로 자전축의 회전도 별들의 위치에 영향을 준다. 자전축이 회전함에 따라 별들은 아주 미세하게 후진하는 것처럼 보인다. 그래서 천문학자들은 성일의 길이에 수정을 가해 0.0084초만큼 줄였다. 그렇게 정한 하루를 **항성일**이라고 부른다. 항성일은 23시간 56분 4.0905초인데, 이 수치는 지구가 실제로 자전하는 데 걸리는 시간에다가 지구의 자전축이 별들을 기준으로 느리게 역행하는 점까지 계산에 넣은 값이다. 빨리 돌아가는 천문대 두 번째 시계의 숨은 사연은 이로써 모두 밝혀졌다.

● ● ●

히파르코스(BC 160~BC 125) 고대 그리스의 천문학자이다. 천체를 조직적으로 관측하고 천체 운동을 수학적으로 정립하여 천문학의 기초를 구축했다. 사계절의 길이가 똑같지 않은 것에 착안하여 태양과 달의 운행표를 만들었고, 일식과 월식을 예보하기도 했다.

지구가 도는 걸까, 천체가 움직이는 걸까?

이제까지 살펴본 지구의 운동을 정리해 보자. 지구는 태양으로부터 약 1억 5000만 킬로미터 떨어진 거리에서 거의 원형에 가까운 궤도를 따라 약 365.25일 동안 공전을 한다. 그리고 다른 별들을 기준으로 할 때 23시간 56분 4초 남짓한 시간 동안 23.26도 기울어진 축을 중심으로 자전을 한다. 이 자전축은 지구 자전과는 반대 방향으로 팽이의 축처럼 돌아가면서 계절을 변화시킨다.

지구의 이러한 운동은 우리가 수세기 전부터 친숙하게 사용하고 있는 시간을 알게 모르게 결정지어 왔다. 한 가지 알아 둘 것은 이 모든 숫자들은 평균값에 지나지 않는다는 점이다. 지구의 운동은 사실 훨씬 더 복잡하다. 지구가 그리는 타원 궤도의 위치에 따라 공전 속도가 달라지며, 따라서 하루의 길이도 1년 동안 주기적으로 변한다.

하루와 한 해에 대한 정의는 지구, 태양, 별 등 천체 각각이 어떤 시간을 기준으로 동일한 위치에 놀아가느냐에 달려 있다. 그렇게 본다면, 지구가 움직이는 게 아니라 태양과 별이 지구를 돌고 있다고 주장하지 못할 것도 없다. 오래전 수많은 학자들이 그랬던 것처럼 말이다.

이 두 가지 상반된 의견에 대해서는, 물리학적인 증명 없이 천체의 운동을 기술하는 것만으로는 명쾌한 결론을 내리기 힘들다. 무엇 때문에 우리는 코페르니쿠스의 지동설 쪽에 마침내 손을 들어 주게 되었을까? 어떤 발견을 통해 지구의 운동을 증명하게 되었을까?

지구가 움직인다면 왜 느낄 수 없을까?

지금 이 책을 읽는 순간, 여러분은 움직이는 별 위에 있다는 사실을 확신할 수 있는가? 지구의 움직임이 느껴지고 보이는 가? 여러분은 아니라고 하겠지만 갈릴레이는 이렇게 대답할 것이다.

"그래도 지구는 돈다."

앞에서 설명했듯이 지구는 자전축을 중심으로 약 23시간 56분 동안 한 바퀴를 돈다.(우리나라와 같은 위도에 살고 있는 사람은 약 3만 1470킬로미터의 거대한 원형 궤도를 따라 돌고 있다.) 지구 위의 사람들은 평균 초속 325미터로 이동하고 있는 셈이다. 또한 반지름 1억 5000만 킬로미터짜리 원형 궤도를 따라 지구가 태양 주변을 공전하는 속도는 거의 초속 30킬로미터에 달한다. 1시간에 10만 킬로미터 이상을 움직이고 있다는 얘기다. 게다가 태양도 은하 중심을 따라 약 초속 250킬로미터로 돌면서 또 다른 회전 속으로 우리를 끌어들이고 있다. 지구가 속한 은하 자체도 30여 개의 은하로 이루어진 은하단 중심을 초속 40킬로미터로 내달리고 있다. 이 정도면 충분히 현기증이 날 법하지 않은가? 그런데 인간은 왜 이 모든 운동을 전혀 느끼지 못하는 걸까?

비슷한 질문을 하나 해 보자. 기차나 비행기를 타고서 눈을 가리고 있으면 자신이 움직이고 있는지 아닌지 확실히 알 수 있을까? 기차가 출발할 때나 제동을 걸어 정차할 때, 비행기가 이륙할 때나 방향을 바꾸느라 몸체를 기울일 때에는 물론 움직임을 느낄 수 있다. 하지만 일정한 속도로 직진을 하고 있다면 1시간에 몇 센티미터를 가든 몇 백 킬로미터를 가든 어떤 움직임도 느낄 수 없게 된다. 그런 상태에서 달리는 기차의 선반 위에 구슬을 올려놓으면 그 구슬 역시 움직이지 않고 가만히 정지해 있을 것이다. 물론 비행기 날개나 기차의 선로가 만들어 내는 진동과 마찰은 계산에 넣지 않았을 때의 얘기다.

400년 전, 갈릴레이가 운동에 대한 사람들의 생각을 바꿔 놓은 것은 결코 쉬운 일이 아니었다. 갈릴레이는 상대성이라는 개념을 처음으로 생각해 냈으며, 모든 운동은 상대적이라는 점을 밝혀냈다. 또 물체의 운동은 운동을 관측하는 기준, 즉 **기준계**에 따라 달라진다는 사실도 발견했다.

갈릴레이의 이론을 염두에 두면서 다시 한 번 생각해 보자. 달리는 기차 안에서 옆자리 승객을 기준으로 보면 나는 정지해 있는 상태이지만, 창밖으로 스쳐 지나가는 풍경을 기준으로 했을 때는 움직이는 상태이다. 즉 운동이라는 것은 같이 움직이고 있지 않은 대상을 통해서만 확인할 수 있다. 때문에 커튼으로 창을 가려 버리면 승객들은 기차가 전속력으로 달리고 있는지 아닌지 판단할 수 없게 된다. 또한 기차가 일정한 속도를 유지하며 직선 경로를 달린다면 승객은 정지해 있을 때와 완전히 똑같은 느낌을 받게 될 것이다.

그렇다면 기차가 속도를 더 내거나 줄이는 경우에는 어떻게 될까? 그럴 때 승객들은 각자의 무게에 비례하는 힘으로 몸이 뒤로 젖혀지거나 앞으로 쏠리는 경험을 하게 된다. 누구나 쉽게 확인할 수 있는 이 현상은 관성이라는 성질로 설명할 수 있다. 즉 물체가 외부의 힘을 받지 않는 한 (앞에서 말했듯 정지 상태와도 동일한) 등속 직선 운동을 지속하려 한다는 것이다. 달리던 기차가 정지할 경우 몸이 앞으로 쏠리는 것은, 달리고 있는 기차의 운동에 관성이 저항하면서 원래의 속도를 유지하려고 하기 때문이다. 그래서 움직임에 속도가 더해지면 우리가 느낄 수 있는 것이다.

지구의 등속 직선 운동은 그 속도가 아무리 빠르더라도 실험실에 앉아 있는 우리가 전혀 지각할 수 없다. 지구의 운동을 확인하려면 지구 밖에 나가 정지한 상태에서 지구를 관측해야 한다. 그러나 이쯤에서 한 가지 의문이 생길 수 있다. 지구는 직선으로 운동하는 것이 아니라 원을 그리며 움직이지 않는가? 그렇다면 우리가 그 운동을 느껴야 하지 않을까?

물론 지구는 1년을 주기로 1억 5000만 킬로미터짜리 반지름의 원을 그리며 태양 주위를 돌고 있고, 가속 운동을 한다.* 하지만 태양 주위를 하루에 1도 정도밖에 돌지 않는 만큼, 가속의 정도가 너무나 미미해서 거의 느낄 수가 없다. 따라서 우리 주변에 일어나는 모든 현상은, 지구가 직선으로 운동할 때와 차이가 없어 보인다는 것이다.

그 점에 있어서는 자전도 마찬가지이다. 지구는 등속 원운동을 하며 매일 360도씩 돌고 있기 때문에 그 움직임이 공전보다는 뚜렷하지만, 그렇다고 우리가 앉은 자리에서 이를 느낄

• • • •

지구의 공전 속도 지구는 타원 궤도를 따라 태양을 돌고 있다. 따라서 그 방향과 속력이 항상 달라지며, 결국 지구는 등속 운동이 아니라 가속 운동을 하게 된다.

수는 없다.

어쩔 수 없이 우리는 다양한 실험과 관측을 병행해서 지구의 움직임을 확인해야 한다. 그렇게 얻은 결과도 그저 간신히 구별할 수 있을 정도이긴 하지만 말이다. 그럼 움직이는 지구를 만나기 위해 밤하늘의 별들에게로 눈을 돌려 보자.

2

지구의 움직임을
어떻게 확인할 수 있을까?

지구의 공전을 무엇으로 알 수 있을까?

시차

지구가 정말로 공전한다는 사실을 어떻게 증명할 수 있을까? 원리는 간단하다. 만약 지구가 고정된 별들을 배경으로 1년에 한 바퀴씩 태양 주위를 돌고 있는 게 사실이라면, 별들의 겉보기 운동*을 확인할 수 있어야 한다. 특히 가까이에 있는 별일수록 그 이동은 더 두드러져야 할 것이다. 이를 시차 효과라고 하는데 나무에서부터 몇 미터 떨어져서 오른쪽과 왼쪽으로 번갈아 왔다갔다 해 보면, 그 원리를 쉽게 알 수 있다. 나무의

● ● ●

겉보기 운동 지구의 공전이나 자전에 따른 지구 밖 천체의 위치 변화를 말한다.

뒤쪽에서 보면, 나무가 운동하는 사람의 이동 방향과 반대로 움직이는 듯한 느낌을 받게 될 것이다. 그리고 나무 가까이에 있을수록 그 움직임은 더 크게 느껴질 것이다.

시차에 따른 별의 움직임은, 천체 관측 기술이 상당한 수준으로 발달한 1838년에 들어서야 처음 밝혀졌다. 이 현상을 발견한 독일의 프리드리히 베셀[•]은 백조자리에 있는 별의 위치를 여러 달 동안 규칙적으로 측정해서 시차 효과를 알아냈다. 그리고 현대에는, 지구와 근접한 별들이 시차 효과에 따라 **1초각**[•]에 못 미치는 아주 작은 움직임을 보이고 있음이 밝혀졌다. 지구와 가까운 별들이라고는 하지만 움직임이 그렇게 작은 것으로 보아 실제 거리는 상당히 멀다는 사실을 알 수 있다.

광행차

시차 현상이 발견되기 100년 전, 이미 영국의 브래들리[•]는 시차 현상을 발견하고자 매일 밤 별의 위치를 측정하고 있었

● ● ●

1초각 1초각은 1도의 3600분의 1을 말한다.
프리드리히 베셀(1784~1846) 독일의 천문학자. 항성의 위치를 결정하는 데 있어 획기적으로 정확도를 향상시켰다. 기존 관측 자료에 세차 효과와 광행차 등의 영향을 보정하여 3222개 항성의 평균 위치를 결정했는데 이 방법은 오늘날에도 통용되고 있다.

다. 망원경으로 오랜 시간 동안 별들의 움직임을 세심하게 관찰한 끝에, 그는 놀랍게도 별들이 하늘에 작은 고리를 그리고 있다는 것을 확인했다. 하지만 별들이 지구의 공전과 같은 방향으로 움직이고 있었기 때문에 브래들리가 그토록 기대했던 시차 효과라고 말할 수는 없었다.

1727년 브래들리는 나중에 광행차라고 불리게 된 이 현상의 원리를 알아냈는데, 이는 지구의 운동을 설명하는 최초의 증거라 할 만한 것이었다. 쉽게 말해, 광행차는 별을 관측하는 사람이 지구의 공전 속도로 지구와 함께 일정하게 운동을 하기 때문에 별의 위치가 본래 위치와는 다르게 보이는 현상이다.

비 오는 날 차를 탔다고 상상해 보자. 차가 멈춰 서 있을 때는 빗방울이 위에서 아래를 향해 곧장 수직으로 떨어지지만, 차가 달리기 시작하면 비는 앞에서 뒤쪽으로 사선을 그리며 떨어진다. 마찬가지로 별빛의 겉보기 방향이 실제 진행 방향에 비해 기울어져 보이는 것은 지구가 공전하기 때문이다. 이때의 기울기 각도는 별을 기준으로 한 지구의 속도와 빛의 속도(빛

● ● ● ●

제임스 브래들리(1693~1762) 영국의 천문학자. 항성의 자오선을 관측하여 연주시차를 측정했고, 1727년에는 광행차를 발견했다.

지구 위에서 별을 관측하는 사람은 지구의 공전에 따라
계속 움직이기 때문에 별이 실제와는 다른 방향으로 움직이는 것처럼 보인다.

의 속도는 초속 30만 킬로미터로 항상 일정하다.) 사이의 비율에 달려 있다. 그런데 지구의 속도가 궤도를 따라 조금씩 바뀌기 때문에 별빛이 오는 각도도 1년 내내 변하게 되고, 그 결과 1년이 지나면 별이 고리를 그리며 움직이는 것처럼 보이는 것이다. 이때의 고리는 시차에 따른 고리보다 열 배 정도 더 크다.

전해지는 이야기에 따르면, 브래들리는 배의 돛대 꼭대기에 있는 깃발을 관찰하면서 광행차의 원리를 발견하게 되었다고 한다. 뱃머리의 방향에 따라 깃발의 방향이 바뀌고 거기에 바람의 세기와 배의 속도가 더해져 최종적으로 깃발의 움직임을 결정하는 모습에서 힌트를 얻었다는 것이다.

도플러 효과

지구의 공전을 증명하는 또 다른 방법으로는, 프리즘을 통해 별빛의 파장을 분석해서 **스펙트럼**˚의 변화를 알아보는 것이 있다. 오스트리아의 물리학자 크리스티안 도플러˚는 움직이는 파원에서 파동이 방출될 때 그 파원의 움직임은 관측자가 받아

● ● ●

스펙트럼 가시광선, 자외선, 적외선 따위를 분광기로 분해했을 때의 성분. 여러 가지 원자나 분자에서 나오는 빛이나 엑스선은 각기 고유한 스펙트럼을 가지고 있어서 이것을 토대로 원자나 분자의 구조를 밝힐 수 있다.

들이는 신호에 영향을 끼친다는 사실을 알아냈다.

파동의 일종인 소리를 예로 들어 보자. 앰뷸런스가 다가올 때는 사이렌 소리가 더 높고(즉 소리의 진동수가 더 많아지고) 빠르게 변하고, 반대로 앰뷸런스가 멀어질 때 사이렌 소리는 더 낮고(즉 소리의 진동수가 더 적어지고) 느리게 변한다. 프랑스의 물리학자 히폴리트 피조˚는 1848년에 빛의 파동에 대해서도 유사한 현상을 밝혀냈다. 움직이는 광원으로부터 빛이 다가올 때, 관측자와 광원이 가까워질수록 빛의 진동수가 증가하고, 반대로 광원이 멀어지면 빛의 진동수가 감소하는 것이다. 가시광선의 경우에는 빛의 진동수 증감에 따라 스펙트럼이 청색 편이를 보이다가 적색 편이를 보이는데, 이때 편이의 폭은 관찰자와 광원의 상대적인 속도에 비례한다.

멀리 있는 별을 기준으로 보면, 공전하는 지구 역시 이와 같은 왕복 운동을 하고 있다. 따라서 별빛의 스펙트럼은 청색 편

* * *

크리스티안 도플러(1803~1853) 오스트리아의 물리학자. 파동의 근원과 관측자의 상대 운동으로 인한 효과, 즉 도플러 효과를 발견하여 천체 물리학의 진보에 공헌했다.
히폴리트 피조(1819~1896) 프랑스의 물리학자. 푸코와 함께 최초의 태양 표면 은판 사진 기술을 획득했으며, 광속을 측정하기 위한 물리학적 방법을 최초로 정리했다.

이를 보이다가 다시 적색 편이를 보이기를 반복한다. 이러한 변화를 확인하려면 별빛의 스펙트럼 가운데 분명한 색깔을 기준으로 삼을 수 있어야 하는데, 다행히도 별을 구성하는 화학 원소들(대표적인 것으로 수소 성분이 있다.)은 스펙트럼 상에서 아주 특징적인 선들로 나타난다. 이러한 선들이 1년을 주기로 어떻게 변화하는지를 관측해서 정지 상태에 있는 광원의 스펙트럼과 비교하면 지구의 공전을 간접적으로 확인할 수 있다. 실제로 스펙트럼 상에 나타나는 편이는 몹시 미미해서, 원래 진동수의 1만 분의 1 정도밖에 되지 않는다.

지구의 자전을 무엇으로 알 수 있을까?

찌그러진 지구

지구의 자전을 처음으로 증명한 것은 18세기였다. 이 시기는 뉴턴이 만유인력 이론을 정립하고 호이겐스*가 회전 운동에 따른 **원심력** 효과를 방정식으로 만든 이후였다. 뉴턴은 질량을

• • •

크리스티안 호이겐스(1629~1695) 빛의 파동설을 제창하고 '호이겐스의 원리'를 발표하였으며, 진동 시계와 망원경 등을 고안·제작했다.

가진 모든 입자는 주위 물질을 끌어당긴다는 사실을 발견했다. 이로써 지구가 둥근 모양, 즉 표면의 각 지점이 중심을 향해 똑같이 당겨진 균형적인 형태를 취하게 된다고 설명했다.

또한 뉴턴과 호이겐스는 지구가 완전히 동그란 공 모양이 아니라 적도 지대가 볼록하게 부푼 모양일 것이라고 예측했다. 적도에서 원심력이 더 크기 때문이다. 지구 표면의 모든 지점이 중력에 의해 지구 중심으로 똑같이 당겨진다고 하더라도, 자전축을 중심으로 하는 회전의 속도가 가장 큰 곳은 적도라는 것이다. 적도는 24시간 동안 약 4만 킬로미터 정도의 가장 긴 원주를 돈다. 따라서 속도의 제곱에 비례하는 원심력이 중력에 대해 가장 효과적으로 맞서는 곳이 바로 적도이다. 적도 지대가 볼록해짐에 따라 지구는 양극이 살짝 눌린 듯한 모양이 된다.

1666년 프랑스의 천문학자 카시니˚는 지구보다 무려 열한 배나 더 큰 가스 행성인 목성을 관측했다. 목성은 자전 속도가 지구보다 빨라서 한 바퀴 도는 데 고작 10시간 15분밖에 걸리지 않는다. 카시니는 목성의 극 부분이 6퍼센트가량 더 납작하

● ● ●

조반니 카시니(1625~1712) 프랑스의 천문학자. 목성의 자전 주기와 화성의 자전 주기를 밝혔으며, 갈릴레이가 발견한 목성의 네 위성에 대한 운행표를 계산했는데, 이것은 해상에서의 경도 결정에 중요한 자료가 되었다.

다는 사실을 관측했다. 그리고 1735년 파리 왕립 과학 아카데미는 지구의 극과 적도 부근의 형태 차이를 직접 측정하기 위해 페루와 핀란드 북부 지방인 라플란드로 각각 탐험대를 보냈다. 탐험대는 우여곡절 끝에 적도와 극지방의 반지름 차이를 확인했다. 그러나 그 차이 값이 뉴턴이나 호이겐스가 예측한 값과 일치하지는 않았다. 이론과 실제의 값을 일치시킨 것은 클레로,* 라그랑주* 같은 수학자들이었다. 그들은 지구 내부 질량의 분포 차이까지 고려해서 정확한 값을 구했다. 현재 알려진 극반지름은 약 6357킬로미터이고 적도 반지름 약 6378킬로미터로, 두 차이는 21킬로미터 정도이다.

코리올리 효과

적도에서 북극으로 대포알을 쏘아 올리면 대포알은 어디에 떨어질까? 많은 사람들은 대포알이 경도선을 그대로 따라 이

●　●　●　●

알렉시 클레로(1713~1765)　프랑스의 수학자이자 물리학자. 1736년 지구가 구형 (球形)에서 어느 정도 어긋나 있는지를 확인하기 위해 프랑스 정부가 파견한 원정 대에 동행했고, 그 결과를 토대로 『지구 형상론』을 저술했다.

조제프 라그랑주(1736~1813)　이탈리아 출신의 프랑스 수학자이자 천문학자. 저서 『해석 역학』을 통해 역학의 새로운 단계를 열었으며, 정수론과 타원 함수론 및 천체 역학 분야에도 기여했다.

동할 거라고 대답할 것이다. 아리스토텔레스라면 대포알이 경도선의 왼쪽으로 떨어질 거라고 대답할지도 모른다. 대포알이 공중에 떠 있는 동안 지구가 그 밑에서 회전할 테니까 말이다. 하지만 실제로 대포알은 약간 오른쪽으로 치우쳐 경도선 동쪽 편에 떨어진다.

발사 지점, 즉 지구의 적도 지역은 도착 지점, 즉 극 지역에 비해 더 빠른 속도로 동쪽을 향해 회전한다. 대포알은 대포에 의해 얻은 속도로 북쪽을 향해 날아갈 뿐만 아니라, 발사 지점의 이동 속도에 영향을 받아 동쪽으로도 향한다. 그리고 땅에 떨어질 때까지 그 속도를 유지한다. 결국 대포알은 마치 오른쪽으로 회전하는 듯이 보이는 것이다.

대포알을 북극에서 적도를 향해 쏘았을 때도 동일한 원리가 적용된다. 이 경우 대포알은 더 느리게 자전하는 지점에서 출발해 더 빨리 자전하는 장소를 향해 날아가므로 서쪽(대포알의 이동 방향을 기준으로 말하자면 오른쪽)에 떨어지게 된다. 남반구에서는 이 현상이 반대 방향으로 일어나며, 단 실험 거리가 아주 멀거나 대포알의 속도가 아주 빠를 때만 유효하다.

이 현상은 1835년 프랑스의 물리학자 가스파르 코리올리°가 발견했으며, 그의 이름을 따서 코리올리 효과라고 이름 붙여졌다. 코리올리 효과는 물론 대단한 발견이었지만 이 때문에 피

해를 본 경우도 있었다. 1914년 포클랜드 제도에서 전쟁이 벌어졌는데, 영국의 함대는 북반구에서의 코리올리 효과를 계산에 넣고 대포를 쏘았다. 그런데 표적을 정확하게 맞출 줄 알았던 대포알은 오히려 표적을 한참 빗나가고 말았다. 총알이 코리올리 효과에 따라 평균 1센티미터 정도 휘어진다면 사정거리가 수킬로미터에 달하는 대포알은 10미터 넘게 휘어지는데, 영국의 함대는 그 차이를 간과했던 것이다.

태풍과 저기압 기류가 반시계 방향(남반구의 경우 시계 방향)으로 회전하는 것 역시 코리올리 효과와 관련이 있다. 고기압 지대에서 저기압 지대로 부는 바람은 코리올리의 힘에 의해 오른쪽으로 휘어지고, 이 힘을 피해 가기 위해 적절한 방향으로 선회하려는 경향을 보인다. 실제로 기류의 최종적인 방향과 나선형의 형태는 코리올리의 힘 외에도 두 지대 사이의 압력, 원심력, 공기 마찰력과 같은 힘들의 상호 작용으로 결정된다.

세면대나 욕조의 물을 뺄 때도 태풍의 형성과 유사한 원리를 확인할 수 있다. 이때 만들어지는 작은 소용돌이의 방향 역

● ● ● ●

가스파르 코리올리(1792~1843) 프랑스의 물리학자이자 토목 공학자. 토목 기술의 이론적 연구를 바탕으로 역학의 기초 원리를 추구하였다.

시 코리올리의 힘에 영향을 받기 때문에, 이론적으로는 북반구와 남반구에서 소용돌이의 모양이 서로 차이를 보이게 된다. 하지만 실제로 이 현상을 확인하려면 굉장한 인내심과 요령이 필요하다. 욕조의 형태와 크기, 그리고 욕조에 물을 채울 때 만들어지는 소용돌이가 영향을 끼치기 때문에 코리올리 효과는 잘 드러나지 않는 경우가 많다.

푸코의 진자

이제 푸코°의 전설적인 실험에 대해 알아볼 차례이다. 푸코는 67미터짜리 쇠줄과 28킬로그램의 추로 만든 거대한 진자를 파리의 판테온 성당 천장에 매달고서 지구의 자전을 직접 증명했다. 수직 상태에 있던 진자에 힘을 가하면 진자는 시계추처럼 자유롭게 진동하는데 그 진동면은 천천히 회전한다. 현재 파리의 과학 박물관에서 그 신기한 실험을 직접 구경할 수 있으며, 관람객들은 지금 이 순간 지구가 돌고 있다는 사실을 실감할 수 있다.

● ● ● ●

장 베르나르 푸코(1819~1868) 프랑스의 물리학자. 빛의 파동설을 확인하고 지구의 자전을 증명하는 푸코의 진자를 발견했다. 진자를 발견한 업적으로 1855년에 당시 최대 영예였던 코플리 상을 받았다.

3

지구가 **도는 원리**는 무엇일까?

태양이 없어도 지구는 돌까?

지구가 공전과 자전이라는 이중 회전 운동을 하고 있다는 사실을 확인했으니, 이제 그 원리에 대해 알아 보자. 지구는 어떻게 그 먼 옛날부터 지금까지 스스로 궤도를 따라 돌 수 있는 걸까?

뉴턴은 떨어져 있는 물체들이 서로를 끌어당기는 힘인 중력을 발견했다. 태양 역시 그 유명한 만유인력의 법칙˚에 따라 지구를 끌어당기고 있다. 그렇다면 지구는 자기보다 20만 배나

● ● ●

만유인력의 법칙 두 물체 사이에 작용하는 만유인력의 크기는, 물체의 종류나 물체 사이의 매질과는 상관없이 두 물체의 질량의 곱에 비례하고, 물체 간 거리의 제곱에 반비례한다.

더 무거운 태양의 중력을 어떻게 견디는 것일까? 지구는 태양에게로 끌려 들어가 녹아 버리는 사태를 막기 위해서 궤도를 따라 열심히 돈다. 그렇게 해서 지구는 궤도 중심으로 끌어당기는 중력과 바깥으로 끌고 나가려는 원심력 사이에서 균형을 잡는다. 이 균형을 통해 중력의 덫을 피하는 동시에 치명적인 궤도 이탈을 방지하는 것이다.

그래도 지구가 태양의 중력에 지배를 받고 있는 것은 사실이다. 앞에서 살펴보았던 관성의 법칙에 의하면, 외부에서 작용하는 힘이 없는 한 모든 물체는 계속적으로 등속 직선 운동을 하게 된다. 만약 태양과 행성들이 갑자기 사라진다면 어떤 일이 일어날까? 지구는 그 순간 유지하고 있던 속력과 방향으로 직선을 따라 쭉 나아갈 것이다. 다행히 실제로는 태양이 자신의 무게에 해당하는 힘으로 지구를 매 순간 끌어당기면서 지구의 뱃머리를 인도하여 원형의 궤도를 달리도록 만들고 있다. 이 때문에 지구는 지금도 돌고 있는 것이다.

결국 행성 운동의 동력은 다름 아닌 중력이다. 중력이 행성들의 운행을 매 순간 굴절시키고, 태양을 중심으로 하나의 궤도 안에 행성들을 잡아 놓고 있는 것이다.

언젠가는 지구의 도는 힘도 다하지 않을까?

구슬을 땅바닥에 굴리면 어느 정도 굴러가다가 결국에는 멈춘다. 우둘투둘한 땅바닥과 부딪치면서 마찰이 생기기 때문이다. 하지만 우주 공간에는 그런 마찰이 전혀 없다. 지구는 드넓은 우주 빈 공간에서 어떤 장애물과도 부딪칠 일이 없다. 따라서 지구가 처음에 가지고 있었던 운동 에너지는 마찰에 의해 소실되는 일 없이 내내 보존된다.

바로 이러한 에너지 보존 법칙 덕분에 지구는 쉬지 않고 궤도 운동을 지속할 수 있다. 오늘 밤에 지구가 돌고 있는 것은 지구가 어제 돌았기 때문이며, 결국 까마득한 옛날부터 돌았기 때문이다. 그렇게 계속해서 시간을 거슬러 올라가다 보면 우리는 태양계의 기원까지 이를 수 있을 것이다.

행성들은 어떻게 돌기 시작했을까?

태양과 행성의 기원

태양계 다른 행성들의 궤도 운동은 지구의 운동과 비슷한 부분이 많다. 태양이 자전하는 것과 같은 방향으로 공전한다는 점, 궤도면의 기울기가 서로 거의 비슷하고 궤도면의 기울기를 평균 내면 태양의 적도면에 일치한다는 점, 또 거의 모든 행성이 **순행 운동**, 즉 공전 방향으로 자전을 한다는 점 등이다. 행성의 형성 이론을 바탕으로 이런 특징들을 종합해 볼 때, 태양과 다른 행성들이 같은 자궁에서 태어났다고 상상해도 무리가 없다.

태양계의 기원에 대한 현대 이론의 기초를 세운 사람은 데카르트˙와 칸트˙ 그리고 라플라스˙이다. 이들은 태초의 혼돈 속에서 거대한 소용돌이가 일어났고 거기에서 천체가 생겨났다고 생각하기도 했고, 태양이 초기에 매우 빨리 돌면서 물질이 고리 형태로 떨어져 나간 뒤 그 물질들이 딱딱하게 응집되

● ● ●

르네 데카르트(1596~1650) 프랑스의 철학자이자 수학자로 근대 철학의 아버지라고 불린다. 경험론을 비판했고, 진리를 탐구하는 방법으로 철저한 의심을 통한 '방법적 회의'를 주장했다.

이마누엘 칸트(1724~1804) 독일의 철학자. 서유럽 근세 철학의 전통을 집대성하고 새로운 발전의 기초를 확립했다. 뉴턴의 영향을 받아 우주의 발생을 역학적으로 해명하려 했다.

피에르 라플라스(1749~1827) 프랑스의 수학자이자 천문학자. 뉴턴의 중력 이론을 태양계에 성공적으로 적용시켜, 관측된 행성들이 이론적인 궤도에서 벗어나는 현상들을 낱낱이 해명했으며 우주 진화에 관한 개념을 발전시켰다. 또한 과학적인 자료를 확률적으로 해석하는 것이 유용함을 입증하기도 했다.

면서 행성들이 태어났다고 상상하기도 했다. 이러한 상상을 통해, 거대한 원시 성운°에서 태양과 태양이 거느리는 행성들이 탄생했다는 이론이 점차 싹트게 되었다.

최근 30년 동안 천문학자들은 활발한 관측을 통해 위의 가설이 신빙성 있음을 확인했다. 현재는 많은 과학자들이 다양한 디지털 시뮬레이션 장비를 이용하여, 거대한 가상의 성운으로부터 행성과 별들을 만들어 내려 애쓰고 있다.

거대 성운은 탄소, 규산염, 금속 등이 혼합된 미세한 알갱이(흔히 먼지라고 불리는 물질), 그리고 주로 수소로 이루어진 가스의 혼합체이다. 과학자들은 천체 망원경과 라디오파 안테나를 통해서, 나선형으로 뻗어 있는 우리 은하°의 팔에 그러한 성운이 실제로 존재한다는 사실을 밝혀냈다. 이러한 발견에 힘

● ● ● ●

성운 윤곽이 확실하지 않은 구름 모양의 천체. 우주의 먼지나 가스로 이루어져 있다.

우리 은하 태양계가 속해 있는 은하로서, 우리가 속해 있기 때문에 간단히 '은하' 또는 '은하계'라고도 부른다. 우리 은하는 1천억 개가 넘는 별과 기타 물질로 이루어져 있으며 반지름이 5만 광년이 넘는 거대한 원반 모양이다. 두께는 상대적으로 얇은 편이지만 중심이 볼록해서 전체적으로 볼록 렌즈의 모습이다. 천왕성을 발견한 허셜은 태양계가 우리 은하의 중앙에 있는 것으로 믿었으나, 실제로 태양계는 우리 은하의 중심으로부터 약 3만 광년이나 떨어진 곳에서 약 2억 년을 주기로 공전하고 있는 것으로 밝혀졌다.

입어 많은 사람들은 별의 탄생 현장과 행성이 형성되는 구조를 조만간 직접 보게 되리라 기대하고 있다.

또한 과학자들은 '우주의 신생아실'을 꾸준히 관찰하면서 다양한 진화 단계를 밟고 있는 다른 행성계에 대한 자료를 모으고 있다. 이런 관측들을 통해 우리는 행성계가 형성되는 물리적 구조와 그에 관한 시간적 발달 단계를 이론으로 정립해 나갈 수 있을 것이다.

성운과 행성의 운동

현재까지 알려진 행성계의 형성 체계란 어떤 것일까? 중요한 것은, 가스 분자와 먼지 입자가 모여 구형의 형태들을 이루되, 그 구체들이 동일한 면에 위치하면서 서로의 주위를 돌아야 한다는 점이다. 이런 체계에 있어서 가장 중요한 역할은 중력이 담당한다.

실제로 성운은 자신의 질량으로 인해 붕괴할 수 있다. 성운 가장자리에 위치한 입자들은 다른 모든 입자들의 중력에 영향을 받게 되는데, 이 인력의 합 때문에 성운 중심으로 끌려 들어갈 수 있기 때문이다. 그 인력에 대항하는 힘이 없다면 성운은 수축되고 성운을 이루고 있던 물질들은 중심으로 응집되어 하나의 별을 이루게 된다. 별의 형성을 설명하는 이 원리는 단순

하게 보이지만 실제로 시뮬레이션을 해 보면 숱한 난관에 부딪치게 된다. 그러한 문제점들을 해결하는 긴 여정에서 우리는 아직 시작 단계에 있을 뿐이다.

그럼 행성은 어떻게 탄생할까? 알다시피 행성은 중심 별의 주위를 도는 천체이다. 행성이 만들어지려면 구성 물질이 공통된 하나의 면을 중심으로 모이고 또 스스로 돌 수 있어야 한다. 사실 이 두 현상의 원인은 한 가지이다. 바로 원시 성운 자체가 정지해 있지 않고 스스로 천천히 돌고 있다는 점이다.

어떻게 그것이 가능할까? 우리 은하의 팔 안에 있는 성운은 다른 성운이나 별들에 둘러싸인 채 중력을 주고받으며, 복잡한 역학 작용에 의해 은하의 중심 주변을 공전한다. 이때 성운의 안쪽과 바깥쪽이 도는 속도는 똑같지 않다. 태양계에서와 마찬가지로 공전 속도는 회전체의 중심에서 얼마나 떨어져 있느냐에 따라 다르기 때문이다. 이러한 공전 속도의 차이에 의해 층이 분리되고, 여기에 중력이 작용하여 성운은 천천히 자전하기 시작하는 것이다.

천천히 회선하던 성운은 자신의 중력에 의해 수축하게 되고 이에 따라 회전 속도는 더 빨라진다. 이것은 피겨스케이트 선수가 회전을 할 때 회전 운동의 축이 되는 자신의 몸에 팔을 가깝게 붙이면 더 빨리 돌게 되는 것과 같은 이치이다. 이렇게 해서 성운의 가스와 먼지가 중심을 향해 모이고 회전축을 중심으로 형태를 갖추게 된다.

성운이 궤도 운동을 하는 동안 회전축과 수직을 이루는 중간 면에서도 바쁜 움직임이 일어난다. 이쪽저쪽에서 날아든 미세한 먼지 입자들이 서로 부딪치면서 회전축과 평행한 수직 추진력을 일부 잃는다. 또한 상대적으로 느리게 돌고 있는 가스와 마찰하면서 미세 입자들의 속도는 더욱 느려지고 서로 충돌이 일어난다. 이에 따라 입자들은 적도면 주위에 쌓이게 되고 원반으로 불리는 둥글납작한 모양을 형성한다. 이 원반을 통해 먼지 입자와 가스 분자는 한창 형성 중인 중앙의 별을 계속해서 살찌우게 된다. 이 과정을 이른바 **강착**이라 한다.

이 단계에서 물질의 밀도가 증대되면 원반 중심에 행성의 배아가 만들어진다. 이렇게 성운 속에서 생성된 행성들은 성운을 따라 자연스럽게 중앙의 별을 중심으로 공전한다. 그리고 함께 휩쓸려 돌던 미세 입자들이 행성에 충돌하여 쌓이면서 행성은 점점 더 커진다. 이것이 바로 암석 행성˚이 만들어지는

• • • •

암석 행성 태양계의 행성 가운데 반지름과 질량이 작고 밀도가 높은 행성을 일컫는다. 수성, 금성, 지구, 화성을 가리키며 넓게는 명왕성까지 포함한다. 지구형 행성이라고도 한다.

구조이다.(암석 행성보다 훨씬 더 복잡하고 불확실한 구조를 따르는 가스 행성도 있지만 여기에서는 다루지 않도록 하겠다.)

학자들은 암석 행성의 생성 과정을 좀 더 구체적으로 설명하기 위해 다음의 세 단계로 나누기도 한다.

첫째, 마이크로미터* 수준의 미세한 먼지 입자들이 원반을 형성하며 퇴적한다. 원반 내부에서 입자들은 서로 충돌하거나 가스 분자와 결합함으로써 약 1센티미터까지 커진다. 이 단계에 약 1만 년이 걸린다.

둘째, 먼지 입자들의 결합체는 밀도가 더 높은 원반의 주변에 쌓이면서 성장을 계속해 자갈 크기만큼 커지고 나중에는 100미터 크기의 암석을 형성한다. 이 단계의 메커니즘은 과학자들 사이에 아직 확실하게 정립되지 않았다.

셋째, 지름이 1킬로미터가 넘는 **미행성체*** 라고 불리는 커다란 물체들이 충돌한다. 디지털 시뮬레이션에 따르면, 이 단계에서 몇몇 미행성체들이 다른 미행성체들을 희생시켜 충분한

• • • •

마이크로미터 1마이크로미터는 100만 분의 1미터를 말한다.
미행성체 미행성설에서 말하는 행성의 초기 형태. 태양 주위로 우연히 다른 항성이 지날 때 태양과 항성의 기조력에 의해서 양쪽으로부터 일부 가스가 유출되어 공간으로 흩어지면 그것이 응집되어 미행성체가 만들어진다고 본다.

질량에 다다르게 되고 그 중력 영향권 안에 있는 모든 물체들을 끌어 모으게 된다. 이러한 과정은 약 10만 년에 걸쳐 일어나며 천천히 행성의 중심을 형성하고 이 행성의 중심들이 미래에 암석 행성, 소행성, 위성으로 성장한다.

위에 소개한 삼 단계 가설은 물론 완벽한 것은 아니다. 이를테면 이 이론에서 말하는 것처럼 각 단계가 정확히 구분되는 것이 아니라, 온갖 크기의 먼지 입자와 암석들이 원반 내에 공존할 가능성이 더 크다. 또한 이 이론은 100만 년 남짓한 시간 동안 태양계의 가스가 모두 사라졌다고 설명하는데, 이 부분도 의심해 볼 필요가 있다. 100만 년이라는 기간은 45억 6000만 년이라는 태양계의 나이에 비하면 턱없이 짧은 시간이기 때문이다. 미행성체는 1킬로미터 정도 크기에 다다랐을 때부터 가스의 마찰에 더 이상 영향을 받지 않으며, 충돌을 통해 미래의 행성들을 회전 운동의 영향 안으로 끌어들이면서 원반 속 자유여행을 계속해 나간다는 의견이 더 합리적으로 보인다.

지구가 도는 방향은 어떻게 결정됐을까?

지구가 어떻게 스스로 돌게 되었는가 하는 문제는 여전히 천문학자들이 풀어야 할 숙제로 남아 있다. 태양계의 행성과 그에 딸린 위성들을 보면, 금성과 천왕성을 제외한 대부분이 순행 자전 운동을 하고 있다. 혹시 어떤 공통의 원인에 의해 그렇게 운동하는 게 아닐까? 이 질문에 대해서는 두 가지 답을 생각해 볼 수 있다.

한 가지 답은 많은 미세 물질들이 행성의 배아에 강착하는 단계에서 추진력이 생겨 자전이 생겨났다는 것이다. 또 다른 답은 비슷한 크기의 미행성체들 사이에서 마지막 대충돌이 일어나 자전을 일으켰다는 것이다.

첫 번째 답을 인정하면 대부분의 행성들이 같은 방향으로 자전하는 현상을 어느 정도 설명할 수 있다. 미세 먼지에서부터 암석에 이르기까지, 각각의 구성 요소들은 낙하 각도에 따라 중심의 회전에 기여하고 이 모든 충돌의 방향이 하나로 더해지고 다시 골고루 나누어지는 과정에서 자전이 이루어진다는 것이다. 하지만 그 힘의 방향을 예측하기 어렵다는 것은 여전한 문제이다.

두 번째 답에도 맹점은 있다. 자전의 최종적인 방향은 미행성체들 사이의 마지막 대충돌이 어떤 상황에서 일어나느냐에 따라 달라지는 셈이므로 임의적일 수밖에 없는 것이다. 당구공 두 개가 서로 부딪치는 각도에 따라 다양한 상황이 연출되는

지구를 비롯한 행성들이 어떻게 스스로 돌게 되었는지,
또 회전 방향은 어떻게 결정되는 것인지에 대해
수많은 가설이 제기되었지만 아직까지 확실한 답을 얻지는 못했다.

것과도 같다.

　위의 두 가설이 완벽한 것은 아니지만, 한 가지 공통적인 결론을 도출해 볼 수는 있다. 행성들의 자전축이 대체로 공전 궤도와 수직을 이루는 현상은, 구성 물질들 대부분이 원반 면을 따라 돌면서 충돌하기 때문이라는 것이다.

　그렇다면 행성의 회전축 방향이 생성 이후 지금까지 쭉 동일한 것일까, 아니면 변화하고 있을까? 최근의 연구 결과, 화성과 금성의 자전축 경사가 수백만 년을 주기로 변화하고 있을지 모른다는 가능성이 제기되었다. 이것은 다른 행성들의 중력에 혼란스러운 영향을 받았기 때문일 수도 있다. 실제로 금성처럼 고밀도의 대기와 암석으로 이루어진 행성들은, 다른 행성과의 상호 작용에 의해 중심의 자전축 기울기가 바뀔 수 있다. 원래 금성이 자전했던 방향을 알 수 없게 된 것은 아마도 그 때문일 것이다. 현재의 금성 자전축은 원래에 비해 180도 기울어진 것일지도 모른다.

　그런데 이 문제에 접근할 때 부딪치게 되는 벽이 있다. 이러한 혼란을 설명하는 데 카오스 이론˙에 의존해야 한다는 점과 수억 년 동안에 일어난 일을 수식으로 풀어내기 힘들다는 점이다. 자전축의 경사에 대해 단언할 수 없는 것은 지구도 마찬가지이다. 하지만 지구에는 달과 같은 커다란 위성이 있어 지구의 자전축을 단단하게 안정시켜 주었고 지구에 복잡한 생명체가 발달할 수 있도록 적절한 기후 변화가 일어났다는 것은 확실한 사실이다.

태양계에 관한 제한된 연구만으로는 행성들과 지구의 자전 방향에 대해서 명확히 말할 수 없다. 하지만 다른 별들을 중심으로 다른 행성계의 특징들을 분석한다면 새로운 단계로 넘어설 수 있을 것이다.

● ● ●

카오스 이론 불규칙하고 무질서해 보이는 현상의 배후에 감추어진 규칙성을 찾는 이론. 이 이론은 지난 30년간 서구 과학계에 엄청난 변화의 물결을 일으켰으며, 과학의 패러다임 자체를 변혁시키고 있다. 혼돈 이론이라고도 한다.

4

지구는 앞으로도
영원히 돌까?

지구는 언제나 같은 속도로 돌까?

인간의 기준에서 볼 때 행성들의 회전은 매우 규칙적이며 확고부동해 보인다. 하지만 앞으로 100만 년, 10억 년이 지나도 그럴까? 지구가 멈춘다거나 더 빨리 도는 일은 절대 일어나지 않을까?

엉뚱하고도 어려운 이 질문에 대해서 두 가지 방향으로 접근해 볼 수 있다. 먼저 관찰에 기초하는 방법이 있는데, 하루의 길이 혹은 1년의 길이 변화를 알려 주는 과거의 흔적을 지층에서 찾는 것이다. 다음으로 계산을 주요 도구로 심을 수도 있다. 지구와 지구에 영향을 줄 수 있는 태양계 물질 전체의 상호 작용을 고성능 컴퓨터를 통해 시뮬레이션으로 만드는 것이다. 이를 통해 지구 궤도의 변형, 자전 속도의 변화, 자전축의 기울기 등 지구의 운동에 관한 모든 변화를 과거에서부터 미래까지 광범위한 시간대에 걸쳐 검토할 수 있다.

관찰에 기초할 때는, 지질학과 고생물학을 동원하여 다양한 지표들을 분석하고 이를 근거로 삼는다. 예를 들어 퇴적물의 층리는 바다에 떠 있는 부유 물질의 양이나 기조력*에 따라 그 두께가 변하는데, 이를 통해서 지구 운동의 일간, 월간, 연간 리듬의 흔적을 찾을 수 있다.

과거의 특정한 지질학적 시간대에 살았던 박테리아나 산호 같은 화석들은, 물속의 유기물이나 햇빛과도 밀접한 관련이 있기 때문에 중요한 지표가 된다. 특히 산호에는 나무의 나이테와 같은 성장선이라는 것이 있는데 이것을 통해 1년 동안의 날짜 수를 셀 수 있다. 예를 들어 우리는 산호 화석을 통해 4억 년 전 데본기에는 1년이 약 400일이었고, 3억 년 전 석탄기에는 1년이 약 380일이었다는 사실을 추정할 수 있다. 즉 당시에는 지금보다 1년이 더 길었거나(이는 공전 궤도가 더 길었다는 뜻이다.) 아니면 하루가 더 짧았다는 얘기다.

● ● ●

기조력 어떤 물체가 질량이 큰 물체의 중력에 영향을 받을 때, 그 물체의 각 부분이 받는 중력에 차이가 생기는 정도이다. 특히 달의 기조력은 지구에 조석 현상, 즉 밀물과 썰물이 생기게 한다.

한편 행성의 운동에 관한 디지털 시뮬레이션은, 지구와 태양 사이의 평균 거리가 과거에도 크게 다르지 않았음을 보여 준다. 1년의 길이는 계속 일정했다는 것이다. 그렇다면 세월이 흐르는 동안 1년의 날짜 수가 조금씩 줄어들었다는 것은, 바로 지구의 자전이 조금씩 느려지고 있다는 뜻이 된다. 실제로 화석들은 4억 년 전의 하루, 즉 태양일의 길이가 약 22시간이었다고 말해 준다. 또한 고도의 정확성을 자랑하는 현대의 원자시계* 덕분에 태양일이 1세기마다 약 1000분의 2초씩 길어지고 있음을 직접 측정할 수 있게 되었다. 이렇게 지구가 조금씩 느려지고 있는 사실을 어떻게 해석해야 할까? 지구는 정말로 멈추려는 것일까?

지구는 왜 점점 느려질까?

하루의 길이가 길어지고 있다는 것은, 지구가 운동 중 외부

● ● ●

원자시계 원자나 분자의 고유 진동수는 영구히 변하지 않는다는 원리를 이용하여 만든 특수 시계. 중력이나 지구의 자전, 온도의 영향을 받지 않으며 정확도가 매우 높다.

작용으로 인해 자전 에너지의 일부를 상실한다는 뜻이다. 물리학자들은 지구의 에너지를 위협하는 원인으로 조수 간만의 영향을 꼽는다. 밀물과 썰물이 달과 태양의 중력 때문에 생긴다는 사실은 대부분 알고 있을 것이다. 태양보다 지구에 400배 더 가까이 있는 달이 이 인력의 주원인이므로 여기에서 태양의 영향은 무시하기로 하자.

조수 간만의 원리를 처음으로 밝혀낸 뉴턴은, 두 물체 사이의 중력이 두 물체 간 거리의 제곱에 반비례하는 것이 그 원인이라고 설명했다. 달이 자신과 가까운 지역을 반대편 지역보다 더 강하게 끌어당긴다는 것이다. 이런 인력의 차이 때문에 지구는 달 쪽으로 늘어난 럭비공 모양을 하게 된다. 달이 지구에 행사하는 평균 인력을 빼고 상상을 해 보면, 지구는 우리가 지금까지 생각했던 것과 전혀 다른 모양을 갖게 된다. 달과 가까운 적도면이 늘어나서 오른쪽의 그림처럼 서로 마주보는 두 개의 볼록한 돌기가 생기는 것이다.

유동성인 바다와 대양은 대륙의 딱딱한 지각에 비해 더 쉽게 변형된다. 대륙이 고작 몇 센티미터 볼록해지는 것에 비해 바다는 수미터까지 솟아오른다. 지구의 자전에 따라 양쪽의 돌기는 약 12시간을 간격으로 번갈아 달을 스쳐지나가고 밀물과 썰물이 하루에 각각 두 번씩 일어난다. 이때 조수의 폭을 결정

짓는 요인으로는 해안의 모양과 해양 바닥의 기울기 등 해당 지역의 지질학적 특징을 들 수 있다. 그 외에도 달의 타원형 궤도에 따른 지구와 달의 거리 변화, 달과 태양의 상대적인 위치도 조수에 영향을 미친다.

이렇게 달의 인력이 지구에 돌기를 만드는 동안, 달과 태양의 정렬 상태가 달라지면서 인력의 효과는 커지기도 하고 상쇄

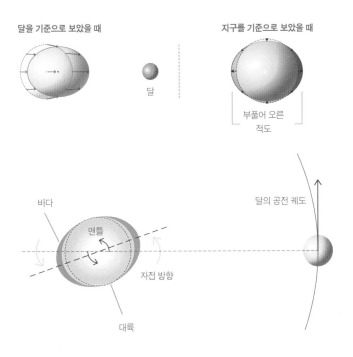

달을 기준으로 보았을 때

달

지구를 기준으로 보았을 때

부풀어 오른
적도

바다

맨틀

자전 방향

대륙

달의 공전 궤도

달의 인력 차이에 따른 지구의 형태 변화

되기도 한다.

그럼 이제 지구가 점점 느려지는 원리를 위의 현상과 관련지어 보자. 달은 29일 동안 지구 주위를 한 바퀴씩 돌며 매 순간 지구를 자기 쪽으로 끌어당긴다. 그렇게 해서 생겨난 두 군데의 돌기는 다음의 두 가지 대립된 힘 사이에서 우왕좌왕하게 된다. 한편으로는 24시간 주기로 자전 운동을 하는 지구에 이끌리고, 다른 한편으로는 좀 더 느린 공전을 하면서 돌기의 축을 끌어당기는 달의 영향을 받는 것이다. 달은 돌기가 도는 것에 제동을 걸어 결과적으로 지구가 도는 것을 방해한다.

뿐만 아니라 달은 조수를 통해 지구의 모양을 변형시킴으로써 지각 층과 맨틀 층의 암석 사이, 그리고 유동적인 대양과 딱딱한 지표면 사이의 경계면에 마찰을 일으킨다. 그러한 마찰 때문에 지구의 자전 에너지는 미미하게 빠져나가는 것이다. 스케이트 선수가 마지막 순간에 스케이트 날을 얼음에 마찰시켜 속도를 줄이는 것과도 같은 이치이다.

지구와 달의 이러한 줄다리기는 영원히 계속될까? 천문학자들은 아니라고 답한다. 지구가 충분히 느려져서 지구의 돌기가 달과 정확히 줄을 맞추게 되면 지구와 달은 고정된 채 영원히 한 면만을 마주하게 될 거라는 것이다. 우리는 지구의 한쪽 면에서만 달을 보게 되는 것이다. 그렇게 되면 지표면은 달 쪽을 향해 솟아오른 모양을 계속 유지하게 될 것이고 달에 의한 조수 간만 현상은 사라질 것이다. 그리고 지구의 하루 길이는 달의 공전 주기에 맞춰 약 50일이 될 것이다.

그러한 상태에 이르려면 수십억 년은 더 기다려야 하겠지만, 그렇다고 해서 이 시나리오가 신빙성이 없는 것은 아니다. 밝기는 다르지만 매일 밤 우리에게 같은 면을 보여 주는 달은 이미 과거에 비슷한 운명을 겪었다. 그때는 지금과 반대로, 달에 대한 지구의 기조력이 위와 같은 과정에 따라 달의 속도를 느리게 만들었고, 결국 달의 자전은 공전 주기와 완전히 동일해졌다. 그렇게 해서 현재 달은 지구 주위를 도는 것과 같은 주기로 자전하고 있는 것이다. 자전 주기와 공전 주기가 일치하게 되는 현상은 태양계에서 매우 빈번히 일어나며, 거대 행성의 위성 대부분이 그런 과정을 겪었다.

달이 이러한 상태에 이르기까지 걸렸던 시간은 앞으로 지구가 겪을 시간에 비하면 훨씬 짧은 것이었다. 지구가 달보다 질량이 81배나 더 커서 지구가 야기하는 기조력도 그만큼 더 강하기 때문이다.

지구는 달과 줄다리기를 하면서 조금씩 자전 속도가 느려지고 있다.

달은 왜 점점 멀어질까?

지구 자전 속도가 느려짐에 따라 뜻밖의 일이 벌어졌다. 달이 지구로부터 조금씩 멀어지고 있는 것이다. 아폴로 우주선은 달 표면에 작은 거울을 두고 왔는데, 여기에 반사되는 레이저 빔의 왕복 시간을 측정한 결과 달이 1년에 3.8센티미터씩 지구로부터 멀어지고 있다는 사실을 확인했다.

지구의 자전 속도가 느려지는 것과 달이 멀어지는 현상은 어떤 관계가 있을까? 달은 지구의 발목을 붙잡은 대가로 자신의 궤도 위를 더 빨리 움직여야 한다. 물리학의 법칙에 따라 지구와 달, 두 개체 간의 회전 에너지를 손실 없이 보존해야 하기 때문이다. 따라서 지구가 손실한 에너지만큼 달이 떠안아서 상쇄하는 것이다. 속도가 빨라진 달은 더 긴 궤도를 그리게 되고 지구로부터 점차 멀어지게 된다.

하루는 왜 점점 길어질까?

지구의 자전 속도에 영향을 미치는 것은 달뿐만이 아니다. 지구 자전축을 중심으로 질량의 분포가 달라진다는 점 또한 지구의 속도와 하루의 길이에 영향을 준다. 피겨스케이트 선수가 팔을 몸 쪽으로 모으면 회전 속도가 빨라지고 팔을 멀리 벌리면 회전 속도가 느려지는 원리와도 같다.

지구 내부의 질량 분포는 수많은 물리적 요인들에 의해 변한다. 과거의 빙하기에 빙하가 적도 부근으로 확장되었던 것이나 맨틀° 중심에서 물질이 운동하는 것도 그런 요인들 중 하나이다. 또한 조수가 밀려들거나 빠질 때 해안의 형태에 따라 바닷물의 수위가 불균형적으로 변하는 것이나, 기단이 순환하는 현상 등도 지구의 자전에 미세한 가속이나 감속을 유발할 수 있다. 물론 지구의 전체 질량(6×10^{24}킬로그램)에 비하면, 위의 요인들에 의해 변화하는 질량의 분포 정도는 극히 작기 때문에 그 영향 또한 아주 미미하다.

하지만 그러한 영향이 조금씩 누적되면 자전의 속도가 1000분의 1~1000분의 2초까지 변할 수 있다. 그렇게 되면 예측 가능한 계절적 변화가 나타나게 되고, 거기에다 예측 불가능한 임의적 변동까지 더해져 효과가 증가될 수 있다. 지금까지의

● ● ●

맨틀 지구 내부의 핵과 지각 사이에 있는 부분. 지구 부피의 83퍼센트, 질량의 68퍼센트를 차지한다.

관찰에 따르면, 달의 기조력 때문에 지구의 하루 길이는 1세기마다 1000분의 2초씩 길어진다고 한다.

현재 가장 정확하고 안정적인 시간의 기준이 되고 있는 원자시계는, 더 이상 1초를 평균 태양일의 8만 6400(24시간에 60분과 60초를 곱한 값)분의 1로 정의하지 않는다. 1967년부터 1초는 세슘-133 원자가 91억 9263만 1770번 진동하는 시간에 해당하는 길이로 정해졌다. 물리학자들이 천문학자들로부터 시간에 대한 통제권을 빼앗은 셈이다.

그래도 지구의 자전을 감시하는 임무는 천문학자들이 계속 수행하고 있다. 지구의 자전이 한결같지 않은 만큼, 지구의 자전에 따라 계산되는 상용시와 원자시를 가능한 한 정확하게 일치시키는 것이 중요하기 때문이다. 이를 위한 특별한 기구가 존재하는데 이곳에서는 지구가 점차 느려지는 것을 보완하기 위해 때때로 상용시에 1초를 더하기로 결정하는 일을 한다. 하루가 1초 늘어난 가장 최근의 날짜는 2005년 12월 31이었다. 하루의 길이는 이렇게 꾸준히 늘어나고 있는 중이다.

앞에서 살펴보았듯 지구의 자전은 원시 행성의 생성에 얽힌 비밀과 관련되어 있다. 중력은 행성을 만들고 또 행성의 운동을 유지함에 있어 가장 중요한 역할을 한다. 지구의 공전은 그러한 원시 행성의 원반 중심에서 생겨났다. 그 원반의 회전은 다시 원시 성운의 느린 회전에 기원을 두며, 원시 성운 자체는 은하의 회전에 의해 움직인다. 은하단 내부의 다른 은하들은, 나선형의 우리 은하가 그렇듯 고유의 회전에 의해 납작한 모양을 하고서 각각 돌고 있다. 그리고 초은하단과 같은 거대한 시스템이 우주의 팽창에 지배를 받아 운동을 한다.

그렇게 범위를 넓혀 가다 보면, 우주의 어느 단계까지 거슬러 올라갈 수 있을까? 결국 우주 전체가 스스로 돌고 있는 것은 아닐까?

더 읽어 볼 책들

- 곽영직, 『**가모브가 들려주는 우주론 이야기**』(자음과모음, 2006).

- 김영국, 『**우주의 탄생과 지구**』(공주대학교 출판부, 2001).

- 최덕근, 『**지구의 이해**』(서울대학교 출판부, 2003).

- 게일 E. 크리스티안슨, 정소영 옮김, 『**만유인력과 뉴턴**』(바다, 2002).

- 데이비드 L. 구드스타인 외, 강주상 옮김, 『**파인만 강의**』(한승, 2004).

- 칼 세이건, 홍승수 옮김, 『**코스모스**』(사이언스북스, 2004).

논술·구술 시험은 논리적이고 종합적인 사고를 요구한다. 다음에 제시된 문제는 이 책의 주제와 연관이 있는 논술·구술 기출 문제이다. 이 책을 통하여 습득한 과학적 지식과 원리, 입체적이고 논리적인 접근 방식을 활용하여 스스로 문제에 답해 보자.

▶ 지구의 자전 속도가 느려진다고 하는데 그 이유는 무엇인가? 그리고 지구의 자전 속도가 느려진다는 사실로부터 지구와 달 사이의 관계가 앞으로 어떻게 변하리라고 생각하는가?

옮긴이 | 김성희

부산대 불어교육과 및 동대학원을 졸업했으며 현재 전문 번역가로 활동 중이다.

민음 바칼로레아 40

지구는 왜 돌까?

2판 1쇄 펴냄 2021년 3월 30일
2판 5쇄 펴냄 2024년 8월 8일

1판 1쇄 펴냄 2006년 8월 10일

지은이 | 에마뉘엘 디 폴코
감수자 | 곽영직
옮긴이 | 김성희
발행인 | 박근섭
펴낸곳 | ㈜민음인

출판등록 | 2009. 10. 8 (제2009-000273호)
주소 | 06027 서울 강남구 도산대로 1길 62 강남출판문화센터 5층
전화 | **영업부** 515-2000 **편집부** 3446-8774 **팩시밀리** 515-2007
홈페이지 | minumin.minumsa.com

도서 파본 등의 이유로 반송이 필요할 경우에는 구매처에서 교환하시고
출판사 교환이 필요할 경우에는 아래 주소로 반송 사유를 적어 도서와 함께 보내주세요.
06027 서울 강남구 도산대로 1길 62 강남출판문화센터 6층 민음인 마케팅부

㈜민음인은 민음사 출판 그룹의 자회사입니다.